Zu Viert in Wald und Feld

Joachim Rohde · Fritz Lattke

Gebr. Richters Verlagsanstalt, Erfurt

Zu Viert in Wald und Feld

Hanni, Fritz, Putzi und Kolk bei den Tieren

Ein Kinderbuch
von
Joachim Rohde
Mit 97 Zeichnungen und farbigen Bildern
von
Fritz Lattke

Gebr. Richters Verlagsanstalt, Erfurt

ISBN 3-13368-134-6

„Hanni, Fritz, Putzi und der Rabe Kolk“
in leicht veränderter Ausführung 1991 wieder aufgelegt von der
VERLAG UND DRUCKEREI FORTSCHRITT ERFURT GMBH.
Neu gesetzt in der 14-Punkt-Garamond.
Reproduktion, Satz: Druckhaus Erfurt · Druck: Keitz + Fischer *druck* GmbH, 3440 Eschwege
Buchbinderei: Verlagsbuchbinderei Freitag GmbH & Co. KG, 3500 Kassel

Die Ziegen und die Bienen

Hinter dem Häuschen der vier treuen Freunde stand ein niedriger, alter Stall. Sein Dach war mit Moos bewachsen, die Tür hing schief in den Angeln, und es befand sich weiter nichts darin als eine kleine Werkstatt, in der Fritz manchmal arbeitete und bastelte.

Eines Tages kam Hanni den schmalen Weg vom Dorf herauf. Sie hatte Milch geholt, und als ihr Fritz, Putzi und Kolk auf dem Hof begegneten, sagte sie nachdenklich: „Warum lassen wir unseren Stall eigentlich leer stehen? Weshalb halten wir uns nicht selber eine Kuh?“

„Das wäre gar nicht übel“, überlegte Fritz, „nur, eine Kuh braucht sehr viel Futter. Aber was meinst du zu einer Ziege?“ „Eine Ziege?

Natürlich!“ rief Hanni begeistert aus. „Was für ein Spaß! Und je eher wir sie haben , desto besser!“

Gleich nach dem Frühstück begannen die Vier den Stall herzurichten. Der Rabe Kolk prüfte mit scharfen Augen das Dach, und wenn er eine schadhafte Stelle entdeckte, winkte er seinen Freund Fritz herbei. Der legte die Leiter an, und während ihm Hanni das Werkzeug zureichte, flickte er geschickt die morschen Schindeln aus.

Nur der faule Putzi zog ein schiefes Gesicht. Man hatte ihm den großen Besen gegeben, und bevor nicht das letzte Stäubchen aus dem Stall gekehrt war, sollte er nichts zu fressen bekommen. Stöhnend und ächzend plagte er sich ab; er ruhte sich immer häufiger aus, und nur der wachsame Blick des Raben hinderte ihn daran, den Besen hinzulegen und heimlich in den Garten davonzuschleichen.

In einem kleinen Haus am Ende des Dorfes wohnte Vater Piepenbrink. Er besaß eine stattliche Ziegenherde, und zu ihm machten sich Fritz und Putzi am nächsten Tag auf den Weg. Der Alte kratzte sich bedächtig den Kopf, als Fritz seinen Wunsch vorbrachte. „Die Liese dort, das wär' etwas für euch", meinte er endlich, „und den kleinen Peter, ihr Kind, will ich euch obendrein schenken."
Die Ziege kam sogleich näher, als hätte sie die Worte verstanden, und rieb zutraulich ihren Kopf an Fritz' Arm. Willig ließ sie sich einen Strick umlegen, und freudig meckernd folgte sie ihrem neuen Herrn. Das Böckchen aber sprang munter voraus. Immer wieder wich es geschickt aus, wenn Putzi es ebenfalls an eine Leine nehmen wollte, und als der kleine Bursche wütend loskläffte, senkte Peter den Kopf und gab Putzi einen Stoß, daß er in den Straßengraben purzelte.

Ja, Putzi hatte schon seine Not! Er hatte geglaubt, daß er nun nichts mehr zu tun brauchte, als süße Milch zu schlecken. Statt dessen mußte er Tag für Tag die Ziegen hüten, und das war gar nicht so einfach. Kaum hatte er sich auf der Wiese neben dem Garten einmal behaglich ausgestreckt, da hörten die beiden Horntiere auch schon auf, das Gras abzuweiden. Sie machten sich lieber über das zarte Grün der Büsche und Sträucher her, und wenn Putzi der Liese auch viel zu klein erschien, als daß sie ihm mit den Hörnern drohte, so mußte er doch lange am Strick ziehen und zerren, ehe sie ihm wieder an den alten Platz folgte. Peter aber tat sich inzwischen an den jungen Schoten gütlich. Angriffslustig forderte er Putzi zum Zweikampf heraus, und nur wenn der arme Wicht mit etwas Salz lockte, ließ sich das Böckchen ohne Schwierigkeiten von den Gemüsebeeten fortbringen.

Eines Tages mühte sich Putzi gerade wieder redlich ab, da hörte er in der Luft ein lautes Summen und Brummen. Ein Bienenschwarm kam um die Hausecke, umschwirrte die Kronen der Kirsch- und Apfelbäume und begann, sich dann an einem dicken Ast dicht vor Hannis Küchenfenster zu sammeln. Erst setzten sich ein paar Bienen nieder, bald bildeten sie einen faustgroßen Klumpen, und endlich hing eine dicke, schwere Traube da, lauter um-, über- und durcheinander krabbelnde Bienen!

„Das ist doch unerhört!", knurrte Putzi böse. „Was wollen die Bienen hier vor unserer Küche?" Er holte eine Stange und fing an, damit in den Schwarm zu stochern, um ihn zu verjagen. Oh weh, wie war das dumm! Wütend fielen die Bienen über ihn her, zwei, drei, vier stachen zu, und wäre Putzi nicht schnell ins Haus entwischt, so hätte er

unter Hunderten von Stichen wohl sterben müssen. Heulend und jammernd beobachtete er hinter der sicheren Fensterscheibe, wie der Schwarm sich allmählich wieder beruhigte, während Hanni ihm die Beulen an Pfoten, Rücken und Nase kühlte.

Auf einmal wurden Putzis Augen ganz groß und starr. Da kam doch Vater Piepenbrink, das Pfeifchen im Mundwinkel, durch den Garten und näherte sich seelenruhig dem Schwarm! Er strich ihn vorsichtig in einen leeren Bienenkorb, schloß den Deckel und winkte dann Hanni und Putzi beruhigend zu. „Ihr habt wohl Angst gehabt", meinte er, als Hanni zaghaft das Fenster öffnete, „nun, dafür dürft ihr auch einmal zu mir zum Honigessen kommen!"

Das war natürlich etwas für Putzi! Er bat und bettelte solange, bis seine Freunde schon am Nachmittag mit ihm losgingen. Schmunzelnd begrüßte Vater Piepenbrink die Vier und führte sie ins Haus. Da stand auf dem Tisch eine große Schüssel, und gelbe Honigwaben lagen darin. „Seht ihr", erklärte der Alte, „solche Schätze bergen meine Bienenstöcke. Mit unermüdlichem Fleiß bauen die Bienen aus Wachs diese Waben, und dann tragen sie aus hunderttausenden von Blüten den Honig zusammen und füllen ihn hinein. – So, und nun wollen wir uns erst einmal meinen Bienenstand ansehen."

Etwas ängstlich folgten die Vier Vater Piepenbrink in den Garten, wo in langer Reihe mehr als ein Dutzend Bienenkörbe aufgestellt waren. Während Putzi sich fluchtbereit in der Nähe der Tür hielt, wagten sich seine Freunde langsam weiter vor, und mit großen Augen beobachteten sie, wie die Bienen heranschwirrten, sich auf dem kleinen Flugbrett niederließen und dann mit ihrer Last in die Körbe krochen. Endlich fragte Hanni: „Was wollten denn nun aber vorhin die vielen Bienen in unserem Garten?" „Ja", schmunzelte Vater Piepenbrink,

„das ist so: In jedem Korb lebt, wie in einer kleinen Stadt, ein Bienenvolk mit vielen Arbeiterinnen und einer Königin. Wenn nun junge Bienen zur Welt kommen und es ist auch eine neue Königin darunter, dann entsteht große Unruhe im Korb, denn jedes Volk kann nur eine Königin haben. Deshalb fliegt eines Tages die alte Königin davon, und ein Teil der Bienen folgt ihr, um ein neues Heim zu suchen. Sie schwärmen, so pflegt man zu sagen!"
„Und ich dachte schon, sie wollten uns überfallen", seufzte Hanni erleichtert auf. „Ich werde mich in Zukunft nicht mehr vor ihnen fürchten. Noch besser als die Bienen gefallen mir aber die Hühner dort drüben auf dem Hof; ach, wenn wir doch auch welche hätten!" „Nun, das läßt sich sicher machen", meinte der Alte freundlich. „Darüber können wir noch reden, wenn wir am Kaffeetisch sitzen. Wie wär's denn jetzt mit einem schönen Honigbrot?"

Fünf Hennen und ein Hahn

Auch die Hühner brauchten ein Heim, und so ging Fritz denn fleißig ans Werk und trennte in einer Ecke des Stalles einen Verschlag ab mit einer Klappe, durch die die Bewohner jederzeit ins Freie laufen konnten. Drinnen aber stand ein festes Gestell, auf dessen Stangen die Hühner sich am Abend zum Schlaf niederhockten. Oben saß Benno, der Hahn, und unter ihm seine fünf Hennen, Anna, Frida, Hertha, Berta und Ida, wie Hanni sie zu nennen pflegte. Ganz früh am Morgen, wenn der erste Lichtschimmer am Himmel aufdämmerte, war Benno schon munter und kündete mit lautem Kikerikiiii den neuen Tag. Putzi, der Faulpelz und Langschläfer, knurrte dann böse in seinem weichen Körbchen, denn er wußte, daß er nun bald aufstehen und wieder die Ziegen hüten mußte. Hanni, Fritz und Kolk aber gingen mit Freude an ihre Arbeit. Während Fritz und Kolk den Stall säuberten, kochte Hanni das Futter für ihre Hühner. Sie mischte Kleie unter die Kartoffeln und tat dann alles in einen irdenen Trog, um den sich der Hahn und die Hennen bald eifrig drängten. Zum Schluß aber streute sie eine Handvoll Körner auf den Hof, und alle freuten sich, wenn die Hühner mit lautem Tuck, tuck, tuck herbeigerannt kamen.

Nur eins konnten Hanni und Fritz nicht verstehen: Warum legten ihre Hühner keine Eier? Jeden Abend sahen sie in den Stall, und jeden Abend erlebten sie die gleiche Enttäuschung; kein Ei war da! Endlich fragten sie, während Putzi gerade bei den Ziegen weilte, den klugen Raben Kolk um Rat. Der schüttelte verwundert den Kopf, betrachtete nachdenklich den Hühnerstall und fing dann plötzlich an zu krächzen: „Da sind wir selber schuld! Wir haben den Hennen ja kein Nest im Stall zurechtgemacht, und auf den glatten Steinboden legen sie ihre Eier nicht. Sie werden irgendwo im Garten ein Plätzchen gefunden haben; ich werde gleich einmal auf die Suche gehen."

Mit scharfen Augen durchforschte der Rabe das hohe Gras hinter dem Stall, er blickte unter Büsche und Sträucher, und auf einmal stutzte er. Kein Zweifel, er hatte die Stelle gefunden! Drei Eier lagen dort, daneben aber – und das war sehr sonderbar – ein ganzer Haufen zerbrochener Schalen; ein Eierdieb mußte am Werk gewesen sein!

Kolk brauchte nicht lange nachzugrübeln, um den Täter zu finden. „Jetzt weiß ich auch, warum Putzi abends immer so satt ist und kein Futter mehr mag", krächzte er leise. „Na warte, Bursche!" Geduldig legte er sich auf die Lauer. Er hörte, wie Putzi die Ziegen in den Stall trieb, und nach einer Weile sah er den kleinen Schlingel verstohlen in den Garten schleichen. Nichtsahnend näherte Putzi sich dem Gebüsch, und mit begehrlichem Schmatzen betrachtete er die Eier, die die Hennen wenige Stunden zuvor gelegt hatten. In dem Augenblick aber, als er das erste Ei zerbrach, um es auszuschlecken, fühlte er am

Schwanz einen heftigen Schmerz. Der Rabe war leise herangekommen und hackte mit seinem harten Schnabel wütend auf Putzi los. Er ließ auch nicht eher von ihm ab, bis Putzi jaulend zu Hanni in die Küche flüchtete und seine Missetat eingestand.
Von Stund an fehlten keine Eier mehr. Vergnügt holten die Freunde sie täglich aus der mit Stroh gefüllten Kiste, die Fritz im Stall aufgestellt hatte, bis sie eines Abends eine merkwürdige Entdeckung machten. Die Henne Ida saß, dick aufgeplustert, auf dem Nest, und als Fritz die Eier unter ihr hervorziehen wollte, stieß sie ein drohendes Glucksen aus und hackte böse um sich. „Was hat das zu bedeuten?“ fragte Hanni verwundert den klugen Raben. „Ist Ida krank?“ „Aber nein!“ krächzte Kolk. „Ich glaube, sie will brüten, und wenn wir ihr noch ein paar Eier ins Nest legen, wird bald eine ganze Schar kleiner

Kücken auf unserem Hof umherspazieren. Wäre das nicht lustig?“
Jeden Morgen, jeden Mittag und jeden Abend besuchten die Vier nun die brütende Henne, und täglich wurden sie ungeduldiger und aufgeregter. Endlich war es so-

weit, und Hanni, die als erste das kleine Wesen entdeckte, das da unter dem Flügel der Mutter hervorlugte, stieß einen Freudenschrei aus. Ein winziges gelbes Kücken saß dort, noch ein wenig feucht und klebrig, und als die alte Henne jetzt beiseiterückte, bemerkten die Freunde auch ein Ei, dessen Schale bereits geborsten war, und in dessen Innern ein anderes Kücken steckte. Mit dem Schnabel erweiterte es das Loch in der Schale immer mehr, es bewegte den Kopf, die Beine, die zarten Flügel, und endlich zerbrach die fesselnde Hülle ganz und das Kleine konnte herauskriechen.

Wenig später waren zwölf muntere Kücken im Nest versammelt; sie wagten sich schon unter dem wärmenden Federkleid der Mutter hervor, und tags darauf spazierten sie be-

reits mit der Alten umher und eilten auf ihr sorgendes, lockendes Glucksen herbei, um das Futter aufzupicken, das Hanni ihnen hingestellt hatte. Ängstlich behielten die Kleinen in den ersten Tagen und Wochen aber stets die Alte im Auge, und wenn einmal eins zurückblieb, dann stieß es ein so klägliches Tschip, tschip aus, daß die Henne schnell herbeieilte und es zu ihrer Schar zurückführte.
Als die Kücken größer wurden, begannen sie, ihre Spaziergänge weiter auszudehnen. Vor allem krochen sie gern zwischen den Latten des Zaunes hindurch, der den Hof vom Garten trennte. Scharrten sie dann in den Gemüsebeeten, so jagte Putzi mit zornigem Gebell hinter ihnen her. Er durfte sich dabei allerdings nicht bis auf den Hof vorwagen, denn dort stand stolz aufgereckt der Hahn und erwartete mit zornigem Tock tock tock toooock den Frechdachs, der sich erdreistete, die Hühnerschar zu stören. Bennos hartem Schnabel aber ging Putzi nur zu gern aus dem Wege!

Räuber im Hühnerhof

Die warme Sonne hatte die vier treuen Freunde ins Freie gelockt, und nach einem langen Spaziergang wanderten sie müde nach Hause zurück. Gerade wollten sie aus dem Wald hinaustreten, da blieb der Rabe stehen und richtete den Blick nach oben. Ein großer Vogel kreiste dort mit schnellen, jähen Bewegungen, und plötzlich stieß er tief hinab. Die Vier hörten das Rauschen seiner

mächtigen Schwingen, und dann sahen sie auch das Opfer, das der Raubvogel – „Ein Habicht!" krächzte Kolk – sich erkoren hatte. Eine Taube saß ganz in der Nähe auf dem Feld, und der gefräßige Räuber würde sie sicher in seinen Fängen davongeschleppt haben, wäre Putzi nicht mit wildem Gekläff vorgeschnellt. Das lenkte den Habicht einen Augenblick ab, und die Taube gewann Zeit, dem sicheren Tode zu entgehen.

„Das hast du brav gemacht", lobte Hanni ihren kleinen Freund, „aber mir zittern vor Schreck noch die Knie. Kommt, wir wollen uns ein wenig ausruhen!" Die Vier streckten sich im Schatten der Bäume ins Gras, und nur Putzi kroch ein Stückchen abseits, um sich die Sonne auf den Pelz scheinen zu lassen. Die Augen fielen ihm langsam zu,

und gerade sah er im Traum eine wunderschöne Wurst vor sich, da wurde er durch ein Kribbeln auf der Nase wieder geweckt. Ein dicker Brummer hatte sich dort niedergelassen, und der freche Geselle kehrte immer wieder, so oft Putzi sich auch schüttelte oder mit der Pfote nach ihm schlug. Endlich wurde es dem geplagten kleinen Burschen zuviel. Er sprang wütend auf und jagte hinter dem Quälgeist her. Der glaubte, seinem Verfolger mühelos entrinnen zu können und summte einem Gebüsch am Waldrand zu. Allein, noch ehe er zwischen den dichten Blättern verschwinden konnte, fühlte er sich von feinen Fäden umschnürt, und je mehr er zappelte und sich zu befreien versuchte, desto unlösbarer verstrickte er sich in die zähen Fesseln.

Der Brummer war in das Netz einer Kreuzspinne geraten, und jetzt sahen Hanni und Fritz, die neugierig herangetreten waren, auch die Spinne aus ihrem Versteck unter einem Blatt hervorkriechen. Ruckweise kam sie auf den Brummer zu, ein Biß betäubte ihn, und da die Spinne wohl zu satt war, um ihn gleich aufzufressen, begann sie, ihn geschickt einzuspinnen, so daß er bewegungslos im Netz hängen blieb, ein fetter Bissen für den kommenden Tag.

Hätten die Vier nicht der Spinne zugesehen, so wären sie wohl noch zeitig genug heimgekommen, um ein Unglück zu verhüten. Schon als sie den Pfad zu ihrem Häuschen hinanstiegen, hörten sie ein lautes, ängstliches Gegacker auf dem Hühnerhof, und gerade als sie die Gartenpforte öffneten, sahen sie den Habicht über das Hausdach streichen. „Seht nur, seht", rief Kolk entsetzt, „er hält etwas in den Fängen! Ich glaube, es ist eins von unseren Kücken!"

Voll banger Sorge eilten die Freunde auf den Hof. Die Hühner hatten sich zitternd im Stall verkrochen, und als Hanni sie zählte, merkte sie, daß die Henne Berta und ein Kücken fehlten. Die Vier suchten sogleich den Garten ab, und auf einmal blieb Fritz wie erstarrt stehen. Vor ihm lagen ein paar blutige Federn. Sie stammten von der vermißten Henne; ein Räuber mußte Berta gefressen ober verschleppt haben!

Bekümmert rief Fritz seine Freunde, und als Hanni sah, was geschehen war, brach sie in lautes Schluchzen aus. Putzi aber näherte sich knurrend und mit gesträubtem Nackenhaar den Federn. Er schnüffelte daran und eilte dann, die Nase tief auf den Boden gedrückt, quer über die Beete einem Gebüsch am Rande des

Gartens zu und verschwand darin. Seine Freunde hörten ihn aufgeregt winseln, und als sie neugierig näher traten, sagte er: „Hier ist ein Loch im Zaun! Hier ist der Räuber hereingekommen, und durch das Loch hier ist er mit seiner Beute auch wieder entschlüpft!“
„Das ist doch nicht möglich!“ widersprach Fritz. „Wir alle haben den Habicht davonfliegen sehen. Du mußt dich irren, Putzi!“ Kolk aber krächzte spöttisch: „Ach, laßt ihn doch; er will sich nur wichtig machen! Wahrscheinlich hat er eine Mäusespur aufgenommen!“
Wütend schoß Putzi aus dem Gebüsch hervor. „Dein Auge mag gut sein, Kolk“, rief er, „aber Hundenase bleibt Hundenase! Ich wette, hier ist ein Wiesel, ein Marder oder ein Fuchs auf Raub ausgegangen und hat die Berta geholt. Und wenn’s nicht stimmt, will ich nie wieder eine Wurst anrühren!“

„Das sollte mich freuen“, spottete der Rabe weiter und ging mit Hanni und Fritz ins Haus. Putzi aber blieb im Garten und legte sich auf die Lauer. Geduldig wartete er Stunde um Stunde, bis endlich gegen Abend ein leises Rascheln im Gebüsch das Nahen eines Eindringlings verriet. Eine schmale, spitze Schnauze schob sich durch die Zweige, und allmählich wurde auch ein rostroter Körper mit langem, buschigem Schwanz sichtbar. Kein Zweifel, es war Meister Reinecke, der Fuchs, der da unhörbar und vorsichtig zum Hühnerhof hinüberschlich!
„Also habe ich doch recht gehabt!“ frohlockte Putzi und rief laut nach seinen Freunden. Ehe diese jedoch herbeieilen konnten, hatte der Fuchs schon blitzschnell kehrt gemacht und war an dem verblüfften Putzi vorbei entwischt. Nur seinen langen Schwanz sah Fritz gerade noch im Gebüsch verschwinden.

Ein heißer Tag

„Die Sache ist jetzt ganz klar“, sagte Fritz, als die Vier am Abend Kriegsrat hielten. „Der Fuchs hat die Henne geholt und der Habicht das Kücken! Zwei Räuber waren hier, und ehe sie nochmals kommen können, müssen wir sie fangen!“ Der kluge Rabe machte zwar ein bedenkliches Gesicht und meinte: „Das wird uns kaum gelingen“; seine Freunde aber wollten keinen Widerspruch hören, und so fügte auch Kolk sich endlich. Am nächsten Morgen wurde der Rucksack gepackt, den Hühnern und Ziegen Futter hingestreut, der Stall fest verschlossen, und dann ging es los! Unternehmungslustig schwangen Hanni und Fritz die Knotenstöcke, mit denen sie den Hühnerdieben zu Leibe rücken wollten,

und Putzi malte sich aus, wie er den buschigen Schwanz des Fuchses zwischen die Zähne bekommen würde, während Kolk bedächtig hinterdrein stolzierte und überlegte, wie das Abenteuer wohl enden könnte.

Eine Lerche stieg senkrecht zum Himmel empor, laut und unermüdlich ihr Lied schmetternd, und als die Freunde sich dem grasbewachsenen Rain näherten, auf dem sie gesessen hatte, entdeckten sie auch das Nest. „Nicht anfassen!“ warnte der Rabe, als Hanni behutsam die Halme auseinanderbog, um die vier gefleckten Eier zu betrachten. „Seht nur, dort kommt schon die Alte, sie hat Angst!“

Schnell entfernten sich Hanni, Fritz, Putzi und Kolk, und als sie jetzt einen großen Vogel auf ein kleines, mitten zwischen den Feldern liegendes Gehölz zufliegen sahen, rief Fritz erregt: „Der Habicht, der Habicht!“ „Das ist doch nur eine Saatkrähe“, murrte der Rabe Kolk verdrießlich, aber seine Freunde hörten nicht auf ihn und liefen zu der Baumgruppe hinüber.

Ein ohrenbetäubendes Gekrächz empfing die Vier. Hunderte von Krähen hatten sich das Gehölz zum Nistplatz erwählt, und mit lautem, tiefem,

mißtönendem „Kra kra, kroa kroa“ schalten sie auf die Eindringlinge in ihr Reich. Hanni hielt sich die Ohren zu, und Putzi heulte vor Wut über das Geplärr in langgezogenen Tönen. Kolk aber meinte mißmutig: „Das Geschrei gilt vor allem mir. Obwohl wir Raben die Vettern der Krähen sind, können sie uns nicht leiden. Noch mehr aber hassen sie den Habicht, und deshalb werden wir ihn hier auch bestimmt nicht finden. Die Krähen würden ihn nicht dulden!“

Die Freunde waren froh, den Platz verlassen zu können. Weiter ging es über die Felder, und Putzi schielte dabei begehrlich nach dem Rucksack mit dem Frühstück. Sein Magen knurrte schon gewaltig, und er wollte gerade tief aufseufzen, da blieb Hanni stehen und rief: „Ach, seht nur dort das niedliche Mäuschen!“ „Niedlich? Nun ja, das mag sein“, antwortete der Rabe, während die Maus schnell ihrem Loch zulief. „Aber vor allem sind Mäuse schädlich! Körner, Samen, Gräser, Wurzeln und Kräuter, – das alles fressen und zernagen sie. Und wenn

nicht die Krähen und viele andere Tiere die Mäuse unermüdlich jagten und vertilgten, so würden diese Nager bald überhand nehmen, und ihr Menschen hättet eines Tages kein Brot mehr zu essen!"

Putzi hatte vor allem nur das letzte Wort gehört. „Essen . . .", wiederholte er seufzend und verdrehte dabei so jämmerlich die Augen, daß seine Freunde laut lachen mußten. Der arme Schelm tat ihnen leid, und weil sie selbst auch Hunger verspürten, setzten sie sich unter ein Gebüsch am Rande des Feldwegs. Vergnügt langten sie in den Rucksack, und während sie mit vollen Backen kauten, beobachteten sie zwei Eidechsen, die sich auf einem Steinhaufen sonnten.

Die beiden Tierchen hatten zunächst regungslos verharrt, als die Vier sich näherten, und nur ihre funkelnden Augen verrieten, daß sie jeder Bewegung der fremden Wesen gespannt und furchtsam folgten. Rückten Hanni und Fritz nur ein wenig näher, so huschten die Eidechsen auf eine der Ritzen zu, und wurde gar eine Hand nach ihnen ausgestreckt, so verschwanden sie wie der Blitz unter den schützenden Steinen. Die pralle Sonne aber lockte gar zu sehr, und bald lugten die Echsen wieder aus dem Versteck, glitten die Steine hinauf, den langen, dünnen, beweglichen Schwanz hinter sich herziehend, sie stutzten, spähten und rückten weiter vor, um endlich dort sitzen zu bleiben, wo die Sonnenstrahlen am heißesten niederbrannten.

Wäre es nach Putzi gegangen, so hätte der Rachezug gegen Fuchs und Habicht schon unter dem schattigen Busch sein Ende gefunden. Nur mit Mühe war der faule Bursche zum Weitergehen zu bewegen; er trottete verdrossen hinter seinen Freunden her und blickte erst auf, als Hanni einen leisen Schrei ausstieß. Dicht vor ihr war auf einem Ackerstück ein Hase aus dem Schlaf aufgeschreckt, und mit langen Sätzen rannte der furchtsame Meister Langohr nun über das Feld. Jetzt warf er sich

in vollem Lauf herum, als wäre eine ganze Schar Verfolger hinter ihm her, wieder kam ein Haken, dann hielt er endlich inne, setzte sich, die Löffel spitz nach oben gerichtet, auf und äugte scharf und mißtrauisch nach den Freunden zurück.

Hanni hatte dem Hasen nachlaufen wollen. Schon nach ein paar Schritten aber war sie über einen merkwürdigen kleinen Erdhügel gestolpert und lang hingefallen. Als sie sich aufrappelte, sah sie eine Anzahl Krähen mit warnendem Gekrächz vom Acker hochfliegen. Sie hatten den Habicht erspäht, der von fernher über den Wald heranschwebte. Noch ehe der Räuber aber zum Stoß auf den Hasen ansetzen konnte, hatten fünf oder sechs der Krähen ihren alten Feind erreicht und umflogen ihn mit wütendem Geschrei. Der Habicht versuchte, sich auf sie zu stürzen, er konnte die Krähen jedoch nicht fassen, und als er sie endlich durch einen jähen Stoß schräg nach unten abgeschüttelt hatte, war Meister Lampe bereits im dichten Unterholz des Waldes verschwunden.

„Der Hase ist gerettet", jubelte Hanni. Ihre Freude wurde aber jäh gedämpft, als sie Hände und Kleid betrachtete. Sie

war über und über mit Staub bedeckt, und als sie sich bekümmert nach ihren Freunden umwandte, krächzte der Rabe: „Ja, das kommt davon, wenn man nicht aufpaßt! Den Maulwurfshügel hättest du eigentlich sehen müssen!" „Maulwurfshügel?" wiederholte Hanni erstaunt. „Natürlich!" nickte Kolk. „Darüber bist du doch gestolpert! Hier auf dem Acker hat so ein blauschwarzer Geselle sein unterirdisches Jagdrevier. An den vielen losen Erdhaufen könnt ihr es leicht erkennen."

„Einen Maulwurf habe ich noch nie gesehen", drängte sich Putzi vor. „Steckt er denn immer unter der Erde?" „Nein", belehrte der Rabe seinen kleinen Freund, „gelegentlich kommt er auch ans Tageslicht. Die meiste Zeit aber lebt er im Erdreich verborgen. Unter den Wurzeln des Baumes dort drüben, glaube ich, wird seine Wohnung sein. Morgens, mittags und abends aber eilt er von dort durch eine lange Laufröhre hierher zum Acker und durchstreift kreuz und quer sein Jagdgebiet, um nach Engerlingen, Käfern und Mäusen zu suchen. Meist legt er dabei auch neue Gänge an, und weil er die losgegrabene Erde daraus entfernen muß, drückt er sie an die Oberfläche hinauf. So entstehen die Maulwurfshügel."

In diesem Augenblick bemerkten die Vier, wie sich ein Stückchen entfernt die Erdschollen hoben. „Dort steckt der Maulwurf!" schrie Putzi. Er stürzte auf den frischen Hügel zu und begann, mit wildem Eifer den Sand wegzukratzen. Staub und Erdbrocken flogen Hanni und Fritz ins Gesicht, ein halb verschütteter Gang wurde allmählich freigelegt, – vom Maulwurf aber war nichts mehr zu sehen. „Er hat dich

längst gehört und gewittert", tröstete Kolk den aufgeregt winselnden Putzi. „Im übrigen, was wolltest du von ihm? Wenn sein Wühlen im Garten auch oft recht ärgerlich ist, so vertilgt er hier auf dem Feld doch viel schädliches Getier. Laß ihn also in Frieden!"
„Das hättest du gleich tun sollen, Putzi!" brummte Fritz wütend und wischte sich den Sand aus den Augen. „Wie sehen wir nun aus! Aber warte, Bursche, wir werden baden, und wenn du auch noch so wasserscheu bist, du kommst mit hinein!" Putzi ließ die Ohren hängen. Bedrückt trottete er hinter seinen Freunden drein und wünschte dabei nur, daß Hanni und Fritz an keinen Bach oder Fluß kommen möchten. Als die Vier aber ein kleines Gehölz durchschritten hatten, merkte er zu seinem Kummer, daß alles Hoffen vergeblich war; vor ihnen glänzte in einer Talmulde das Wasser eines kleinen Sees auf.

Putzi, der Angler

Mit einem Jubelruf stürmte Hanni ihren Freunden voraus. Sie achtete nicht darauf, daß das Ufer an dieser Stelle mit Schilf bewachsen und sehr sumpfig war, und erst als Wasser unter den Schuhen aufspritzte, wollte sie im Laufen innehalten. Aber es war zu spät! Schon gab der trügerische Boden nach, und sie brach bis zu den Knien in das zähe, weiche Erdreich ein. Verzweifelt versuchte sie, sich freizumachen. Allein, ihre Freunde beobachteten voller Entsetzen, daß sie bei jeder Bewegung nur noch tiefer einsank.

Wieder war es der kluge Rabe, der auch hier Rat wußte. „Schnell,

drüben am Waldrand liegt eine lange Stange; holt sie her!" rief er Fritz und Putzi zu; und als diese keuchend mit der Last zurückkehrten, kommandierte Kolk weiter: „So, jetzt müssen wir Hanni die Stange zuschieben!" Vorsichtig tasteten die Retter sich in den Sumpf vor, und endlich konnte Hanni sich an dem Holz festklammern. Mit aller Kraft zogen ihre Freunde . . . noch ein Ruck . . . dann war sie frei und stand glücklich lachend, wenn auch über und über mit Morast bedeckt, neben Fritz, Putzi und Kolk.

Zum Glück brauchten die Vier nicht mehr weit zu wandern, um einen Badeplatz zu finden. Schilf und Sumpf hörten bald auf, und an einer Stelle, an der der Wald dicht an den See heranreichte, machte Fritz Halt und schnallte den Rucksack ab. Flink wusch Hanni Kleid und Strümpfe

aus, hängte sie zum Trocknen in die Sonne und sprang dann in die kühle Flut. Fritz aber, der sehr erhitzt war, ruhte noch ein wenig aus und beobachtete dabei seinen Freund

Putzi, der bekümmert am Ufer hockte und nur auf einen günstigen Augenblick zu lauern schien, um heimlich im Wald verschwinden zu können. „Warte, Bursche", brummte Fritz leise, „du bist der beste Schwimmer von uns allen, aber Angst vor dem Wasser hast du noch immer. Das werde ich dir abgewöhnen!" Er stand auf, zwinkerte dem Raben zu, und als dieser bestätigend nickte, schlich er sich vorsichtig an Putzi heran. Ein fester Griff, ein Schwung, – und schon zappelte der wasserscheue kleine Wicht prustend, schnaubend und japsend im See.

Putzi hatte zunächst nur den einen Wunsch, schnell wieder ans Ufer zu gelangen. Bald aber merkte er, wie wohl das kühle Bad an dem heißen Tage tat. „Los, los! Warum kommst du nicht?" rief er Fritz zu. „Wie wär's mit einem Wettschwimmen bis zu dem dichten Schilf dort drüben?"

„Ich bin schon da!" antwortete sein Freund lachend und tauchte mit einem Kopfsprung ins Wasser.

Erst lagen die Drei dicht beieinander, dann aber schob Putzi sich langsam vor Fritz und Hanni an die Spitze. Sie kämpften verbissen und waren nur noch wenige Meter vom Ziel entfernt, als plötzlich aus dem Röhricht ein Tier aufschreckte. Es war ein Vogel mit schieferschwarzem Gefieder, der scheu und verängstigt die Flucht ergriff. „Ein Wasserhuhn! Los, hinterher!" rief Fritz. Allein, das Tier schwamm schnell, und auf einmal entschwand es den Blicken der Verfolger ganz.

Es war getaucht, und erst nach einer langen Strecke kam es wieder an die Oberfläche. Die Freunde aber wollten sich noch nicht geschlagen geben. Mit lautem Geschrei setzten sie die Jagd fort, bis das Wasserhuhn flatternd über den See zu laufen begann und sich endlich schwerfällig und schwankend in die Luft erhob. Es flog dicht an dem Raben vorbei, der hoch oben auf einem Pfahl hockte, um den Wettkampf seiner Freunde besser beobachten zu können.
Auf einmal schreckte Kolk zusammen. „So eine Unverschämtheit!“ hörte er eine rauhe Stimme hinter sich sagen, und als er sich umdrehte, sah er einen hageren Mann mit einer Angelrute,

der zornig auf Hanni, Fritz und Putzi wies, die übermütig im Wasser herumtollten. „Sofort kommt ihr heraus!“ rief der Fremde jetzt den Dreien zu. „Könnt ihr nicht lesen? Das Baden ist hier verboten!“ Und ohne den Raben weiter zu beachten, stampfte er wütend den Uferpfad entlang und ließ dabei Hanni und Fritz nicht aus den Augen, die rasch zurückschwammen und sich anzogen.
Kleinlaut standen sie gleich darauf vor dem Fremden, der drohend die Stirn runzelte und grollend lospolterte: „Wie kommt ihr dazu, hier im See zu baden und das Wasserhuhn zu jagen?“ „Wir wußten doch nicht, daß es verboten ist“, antwortete Hanni schüchtern, „und dem Wasserhuhn wollten wir gewiß nichts tun.“ Sie blickte den Fremden dabei flehend an, und als auch Putzi bittend die Pfötchen hob, begann der Angler zu lachen. „Na, es ist schon gut“, meinte er, „aber die Fische und vor allem den alten Heinrich werdet ihr wohl verjagt haben.“ „Fische?“ fragte Fritz neugierig. „Gibt es denn hier welche?“ „Ich werde sie euch zeigen“, entgegnete der Fremde stolz. Er führte die Freunde zu einer Stelle, an der sie bis auf den

schlammigen Grund des Sees blicken konnten, und streute dann ein paar Brotkrumen auf die glitzernde Wasserfläche.
Es dauerte nicht lange, da kam ein Schwarm dicker Karpfen herangeschwommen. Erst umkreisten die Fische ein paarmal mißtrauisch die Brocken, allmählich aber siegte ihre Freßlust, und bald waren die Krumen bis auf den letzten in den runden Mäulern verschwunden. Auf einmal stob der Schwarm blitzschnell auseinander. „Heinrich ist in der Nähe“, flüsterte der Angler erregt, und als die Freunde ihn verständnislos anblickten, erklärte er: „Heinrich, das ist ein alter, großer Hecht; ein ganzes Jahr lang versuche ich schon, ihn zu fangen, aber er ist zu gerissen und beißt nicht an!“
„Bei mir würde er es sicher tun“, platzte Putzi naseweis heraus, und

als alle lachten, setzte er selbstbewußt hinzu: „Wenn ich nur einmal die Angel auswerfen dürfte, würde ich es euch schon beweisen!" „Putzi, Putzi!" mahnte Hanni, der Angler aber reichte dem kleinen Burschen die Rute und meinte schmunzelnd: „Also los! Zeige, was du kannst!"

Stolz trat Putzi vor. Er holte mit kühnem Schwung aus und ... blickte sich verdutzt um. Die Schnur war an einem Ast hängen geblieben, und widerwillig mußte der kleine Gernegroß Fritz bitten, sie wieder loszumachen. Beim zweiten Mal ging er vorsichtiger zu Werk. Allein, kaum war die Schnur ins Wasser getaucht, da zog er sie auch schon wieder heraus, und er setzte unter den spöttischen Blicken seiner Freunde das Spiel immer ungeduldiger fort, bis die Rute sich plötzlich unter einer schweren Last bog. „Heinrich hat angebissen", schrie Putzi triumphierend und begann aus Leibeskräften zu ziehen.

Gespannt traten Hanni, Fritz und der Angler näher. Putzi keuchte vor Anstrengungen und Aufregung – und dann brachen alle in ein schallendes Gelächter aus. Was Putzi da herauszog, war ein alter Stiefel, den irgendjemand einmal in den See geworfen hatte!

„Petri Heil“, schrie der Angler und schlug sich vor Vergnügen auf die Schenkel. „Das nenne ich einen Fang! Da muß selbst der alte Heinrich unten im See lachen!“ Er hob die Rute auf, die Putzi voller Wut hingeworfen hatte, ging ein Stück am Ufer entlang und ließ sich dann gemächlich an einem stillen, schattigen Plätzchen nieder, um nun selbst seine Angel auszuwerfen.

Eine Weile blieben die Freunde noch neben ihm stehen. Als aber kein Fisch anbeißen wollte und auch sonst nichts geschah, wurde Fritz ungeduldig. „Ist das nicht langweilig?“ fragte er. Der Angler sah ihn erstaunt an. „Ich sehe, ihr versteht vom Angeln wirklich nichts“, antwortete er schließlich betrübt. „Langweilig soll das sein . . .?“ Mitleidig schüttelte er den Kopf und blickte dann wieder starr geradeaus auf die glitzernde Wasserfläche, während die Freunde Rucksack und Stöcke aufnahmen und zum Ende des Sees wanderten.

Am Bach

Ein Bach, der die Wasser von den nahen bewaldeten Bergen zum See hinabtrug, hemmte die Schritte der Vier. Und weil kein Steg und keine Brücke hinüber führte, mußten die Freunde seinem Lauf stromaufwärts durch die Wiesen folgen. Plötzlich blieb Hanni stehen. „Seht nur dort das sonderbare Tier", flüsterte sie aufgeregt und wies auf eine Stelle dicht unter dem Wasserspiegel. „Sieht es nicht unheimlich aus mit seinen großen Scheren?" „Das ist sicher ein Krebs!" rief Fritz und eilte neugierig herbei. Allein, als er sich vorbeugte, zog sich der gepanzerte Geselle blitzschnell in ein Loch im modrigen Uferrand zurück. Hanni seufzte enttäuscht: „Ich hätte ihn gar zu gern einmal genau betrachtet;

aber nun kommt er wohl nicht mehr zum Vorschein?“ „Vorläufig sicher nicht“, antwortete der kluge Rabe. „Aber Putzi könnte ihn doch herausholen! Der Krebs zwickt ihn höchstens ein wenig, mehr kann er ihm nicht tun.“ Putzi aber dachte an die drohenden Scheren und suchte schnell nach einer Ausrede. „Meine Pfötchen sind zu kurz“, stotterte er und wich vorsichtig ein paar Schritte zurück. Da zog Fritz entschlossen seine Bluse aus und legte sich lang an den Rand des Baches. Tief schob er den Arm in das modrige Loch, in dem das Tier steckte. Noch ein Stück tastete seine Hand vor, und gleich darauf zog er sie triumphierend heraus. Der Krebs hatte wütend seine große Schere in den Zeigefinger geschlagen und hing daran fest.

Allein, als er sich jetzt so jäh aus dem Wasser gerissen fühlte, ließ er schnell wieder los und plumpste in den Bach zurück. Einen Augenblick saß er still auf dem Grund, ließ die feinen, langen Fühler spielen und beobachtete mit den beweglichen Stielaugen aufmerksam die Umgebung.

Dann schoß er mit ein paar blitzschnellen Wendungen – rückwärts, wie die Freunde zu ihrer Verwunderung bemerkten – dem anderen Ufer zu und verkroch sich unter einem dichten Gewirr grüner Wasserpflanzen.

Die Vier starrten in die Flut, ob der Krebs sich noch einmal zeigen würde, aber er kam nicht wieder aus seinem Versteck hervor. Mißmutig und schwitzend trotteten sie weiter und beneideten dabei die schillernden, schlanken Libellen, die spielerisch über dem Wasser tanzten oder auf schwankenden Halmen ausruhten. Ein farbenschöner Schwalbenschwanz flatterte über die Wiese, naschte hier und da an den Blüten und gaukelte dann langsam dem Walde zu, von dessen kühlem Schatten die Freunde nur der tiefe Bach trennte.

„Ich kann nicht mehr weiter bei dieser Hitze“, stöhnte Fritz, „und außerdem drückt mich der Rucksack! Wenn wir nur schon drüben im Wald wären!“ Der Rabe

äugte scharf umher. „Dort hinten ist ein Baum umgebrochen und scheint quer über dem Bach zu liegen“, knarrte er. „Vielleicht gelingt es euch, auf dem Stamm ans andere Ufer zu turnen?“

„Fein!“ riefen Hanni, Fritz und Putzi und rannten los. Ihre Freude verflog aber schnell, als sie den Baum erreichten. Der Sturm hatte ihn zwar umgerissen, einige Wurzeln aber hielten ihn immer noch fest, so daß er nicht gerade und bequem wie ein Steg über dem Wasser lag, sondern nur mit einigen dünnen Zweigen den Boden berührte. Den Stamm aber, der stark und breit schräg abwärts nach drüben führte, konnte Fritz nicht fassen.

„Vielleicht geht es, wenn Hanni

auf deine Schultern steigt“, riet der kluge Kolk. Fritz legte den Rucksack ab, hob Hanni empor, und jetzt gelang es ihr wirklich, einen stärkeren Ast zu packen und sich in die Krone des Baumes hinaufzuziehen. Auch Putzi wurde hochgehoben, und dann halfen beide ihrem Freund Fritz.

Vorsichtig kämpften sie sich durch das Gewirr der Zweige hindurch, sie rutschten langsam den Stamm entlang, und schon standen Hanni und Putzi glücklich am anderen Ufer, da gellte hinter ihnen ein Schreckensschrei. Ein kurzer trockener Aststumpf hatte sich hinter den Riemen des Rucksacks geschoben, und als Fritz versucht hatte sich loszumachen, war er abgerutscht! Da hing er nun hoch über dem Bach, machte ein ängstliches Gesicht und strampelte hilflos mit den Beinen!

„Nur Ruhe, Ruhe!“ mahnte der kluge Rabe. „Das Zappeln nützt doch nichts! Du kannst dadurch höchstens ...“ „Ach was, du hast gut reden“, unterbrach ihn Fritz ärgerlich. Gleichzeitig gab er sich einen verzweifelten Ruck und tastete dabei mit der Hand nach rückwärts. Der Ast aber war schon dürr und altersschwach; es splitterte und knackte in ihm, und gleich darauf brach er ab. Mit einem Schrei sauste Fritz in die Tiefe und klaschte kopfüber in die Flut.
Prustend und schnaubend tauchte er wieder auf, machte ein paar Schwimmstöße und krabbelte dann zu seinen Freunden ans Ufer. Das Wasser lief ihm aus Bluse, Hose und Schuhen, und während er wütend den Rucksack abschnallte und auf die Erde warf, fragte Hanni: „Wo ist denn deine Mütze?“ Fritz faßte sich verwundert an den Kopf; der

Rabe aber suchte mit flinken Augen den Bach ab, flog auf und erwischte die Mütze gerade noch, bevor sie, durchtränkt vom Naß, auf den Grund versank. Kolk legte sie schweigend neben die triefenden Schuhe, die Fritz inzwischen abgestreift hatte, und während Hanni die Bluse auswrang, meinte sie ratlos: „Was fangen wir nun an?“
Ja, da war guter Rat teuer! Die Kleider mußten erst trocknen, ehe die Vier weiterwandern konnten, und weil ihnen die Zeit lang wurde und sie auch Hunger verspürten, schnürten sie den Rucksack auf. Auch er war durchweicht, und als Hanni hineinlangte, rief sie leise: „Au!“ und zog die Hand schnell wieder heraus. Aus ihrem Finger sickerten Blutstropfen, sie schluckte ein paarmal und fing dann zu weinen an. „Tut es so weh?“ fragte Fritz bestürzt und wickelte rasch ein Taschentuch um die Wunde. Hanni schüttelte den Kopf, schluchzte aber noch

stärker und würgte endlich stockend hervor: „Die Thermosflasche ist entzwei! Die ganze Milch ist ausgelaufen!“

Schuldbewußt stülpte Fritz den Rucksack um. Ein dünnes weißes Rinnsal quoll hervor, Scherben klirrten ins Gras, und dazwischen lagen völlig zerweicht die Brote! Traurig starrten die Vier darauf. Und als jetzt von fern aus dem Wald ein helles „Kuckuck, Kuckuck!“ erklang und allmählich näher und näher kam, hoben Hanni und Fritz nicht einmal die Köpfe. Nur Putzi sah wie gebannt zu dem Vogel empor, der mit lautem Schrei herbeiflog und sich einen Augenblick lang auf einem Baum am Waldrand niederließ.

Lockende Töne

„Ach, wäre ich doch der Kuckuck!“ seufzte Putzi und drückte ein Pfötchen gegen seinen knurrenden Bauch. „Dann könnte ich fliegen und holte mir schnell etwas zu futtern! So aber muß ich hier warten, und vom Fuchs haben wir auch noch keine Spur gefunden!“ Stöhnend streckte er sich ins Gras nieder und blickte mißmutig seine Freunde an. „Das kann noch Stunden dauern, bis wir loswandern“, überlegte er weiter, „und inzwischen bin ich vor Hunger gestorben! Ich muß sehen, daß ich von hier fortkomme und etwas zu fressen finde!“

Auf einmal richtete er sich auf und spitzte die Ohren. Ganz von fern aus dem Wald hörte er ein Pochen und Hämmern, und ehe Hanni und Fritz ihn daran hindern konnten, war der kleine Schelm mit einem langen Satz im dichten Unterholz verschwunden. „Irgendwo in der Nähe scheinen Menschen zu arbeiten“, knurrte Putzi vor sich hin, als er zwischen den Stämmen entlangtrabte. „Bei ihnen werde ich mein

Glück versuchen. Und wenn ich schön bitte, dann . . .“ Genießerisch fuhr er mit der Zunge über die Schnauze und dachte dabei an ein großes Stück Wurst, während seine scharfen Ohren zugleich auf das Klopfen achteten, das, jetzt schon näher, immer wieder ertönte.

Ein dünnes Rinnsal sickerte durch das Moos, und nach einer Weile schimmerte zwischen dem Buschwerk eine Lichtung auf, in deren Mitte ein kleiner versumpfter Tümpel lag. „Aber, aber!“ rief Putzi erschrocken, als er zwischen den Zweigen hindurchkroch und einige Frösche mit mächtigen Sätzen kopfüber ins Wasser flüchteten. „Ich fresse euch nicht, auch wenn ich noch so großen Hunger habe!“ Er starrte verwundert in die trübe Flut und sah den Teichbewohnern nach, die mit kräftigen Stößen ihrer langen Hinterbeine einem Seerosenblatt zuruderten, auf dem ein dicker alter Frosch hockte. Er blies gewaltig die Backen auf und ließ immer lauter und ausdauernder ein durchdringendes „Quarr, Quarr" erschallen.

„Was mag er nur haben?" grübelte Putzi. „Ich will den Fröschen doch gar nichts tun!" Kopfschüttelnd drehte er sich um, und dabei gewahrte er den Feind, vor dem der Froschgroßvater so eindringlich warnte. Ein Storch stolzierte langsam und würdevoll über die sumpfige Wiese und spähte mit scharfen Augen nach Beute aus. Jetzt stieß sein langer, harter, roter Schnabel nach unten! Ein junges vorwitziges Fröschlein, das nicht mehr rechtzeitig wie seine Brüder Reißaus genommen hatte,

zappelte darin und verschwand gleich darauf im Magen des großen, schwarz und weiß gefiederten Vogels.
„Ob der Storch wohl weiß, wo der Fuchs zu finden ist?“ überlegte Putzi. „Ich könnte ja einmal fragen!“ Er machte ein paar Schritte vorwärts, wich aber gleich wieder zurück, denn der Storch blickte ihn so drohend an und klapperte so wütend mit dem Schnabel, als gelte es, aus seinem Jagdrevier einen frechen Eindringling zu vertreiben. „Na, dann nicht!“ knurrte Putzi beleidigt und drückte sich schleunigst seitwärts in die Büsche.
Storch und Frösche waren bald vergessen. Denn ganz in der Nähe setzte jetzt erneut das Klopfen und Hämmern ein, und mit freudig gespitzten Ohren trabte Putzi darauf zu. Fast wäre er dabei auf einen dicken, großen Käfer getreten, der schwerfällig seinen Weg kreuzte. „Ein sonderbarer Geselle!“ wunderte sich Putzi. „Ein Geweih schleppt er mit sich herum, als wäre er ein richtiger Hirsch!“ Putzi wußte nicht, daß er einen ‚Hirschkäfer‘ vor sich hatte; er beschnüffelte ihn nur neugierig und entdeckte gleich darauf wenige Schritte weiter ein paar Waldameisen, die sich abmühten, eine Raupe davonzuschleppen. „Das wird

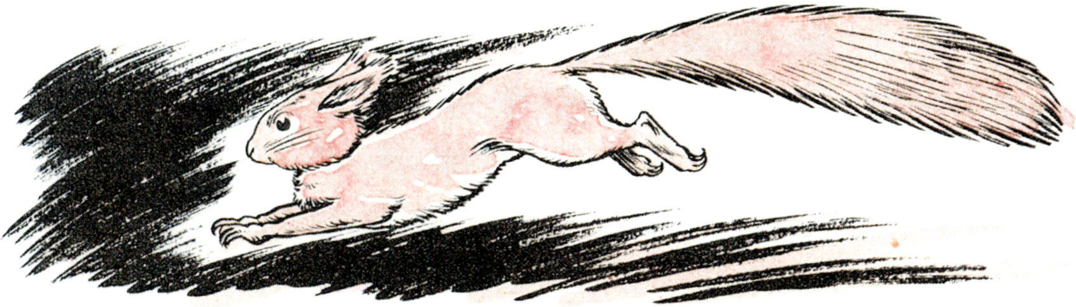

euch nicht gelingen; ihr seid doch viel zu klein!“ knurrte Putzi. Zu seinem Erstaunen entdeckte er aber, daß die winzigen Ameisen über außergewöhnliche Kräfte verfügten. Immer wieder packten sie mit ihren scharfen Zangen die vielfach größere Beute an, und Zentimeter um Zentimeter rückten sie damit im Zickzack weiter, einem unbekannten Ziele zu.

Ein Rascheln im dürren Laub ließ Putzi aufschrecken. Ein rotbraunes zierliches Tier mit langem, buschigem Schwanz hüpfte flink über den Waldboden, und als Putzi mit weiten Sätzen hinterherjagte, erkannte er ein Eichhörnchen, das wie ein Blitz an einem Baumstamm hinaufschoß. Geschickt hielt es sich dabei auf jener Seite, die dem Gegner abgewandt war, und erst als es eine breite Astgabelung erreicht hatte, lugte es scheu und vorsichtig nach dem Verfolger aus. Dann kletterte es beruhigt weiter, schwang sich auf die dünnen Äste hoch oben in der Krone hinaus und setzte endlich mit gewaltigem kühnen Sprung zum Nachbarbaum, einer mächtigen Fichte, hinüber. Es putzte und leckte sich, biß nach einer Weile einen reifen Zapfen ab, nahm ihn in die zierlichen Vorderfüße und begann schließlich, behaglich die Samen herauszuknabbern.

Putzi hockte währenddessen unten zwischen den Stämmen und machte ein klägliches Gesicht. Denn auch das Hämmern und Pochen war wieder zu vernehmen; nur kam es nicht von Menschen, die im Walde arbeiteten, sondern es erklang von einem Baum herunter, an dessen Stamm sich ein Specht festgeklammert hatte. Mit seinem kräftigen, harten Schnabel meißelte der Vogel die Borke auf, seine dünne, klebrige Zunge fuhr in die Gänge und Löcher der Käfer und Holzwürmer, und jedesmal, wenn er weiter den Stamm hinaufkletterte und an einer neuen Stelle sein Werk begann, nickte er mit dem Kopf als wollte er zu Putzi sagen: „Es hat gut geschmeckt!"

Putzi knurrte der Magen, und als jetzt das Eichhörnchen auch noch

den leeren Zapfen fallen ließ und ihn am Kopf traf, kannten Wut und Enttäuschung des hungrigen kleinen Wichtes keine Grenzen mehr. Er schnellte hoch, als könne er Specht und Eichhörnchen erreichen, und kläffte sie laut und zornig an.

Das Eichhörnchen und der Specht ließen sich dadurch nicht stören. Sie kletterten noch ein wenig höher in die Bäume hinauf und suchten weiter ihre Nahrung, während Putzi nach einer Weile mißmutig die Ohren senkte und bedrückt davonschlich. „Was werden Hanni und Fritz dazu sagen?“, stöhnte er, „daß ich einfach davongelaufen bin? Was fange ich bloß an?“ Er merkte, daß er vom Hunger und dem weiten Marsch immer müder und schlapper wurde, und als er an ein weiches Moospolster kam, konnte er nicht widerstehen. „Ich muß einmal in Ruhe nachdenken“, beschwichtigte er sich selber und streckte sich behaglich aus. Blinzelnd beobachtete er eine schwarze Nacktschnecke, die langsam vorüberkroch und anscheinend eine Weinbergschnecke einzuholen versuchte, die mit ihrem Haus auf dem Rücken einem Graben zuwanderte. Dann sank sein Kopf vornüber auf die Pfötchen und die Augen fielen ihm zu.

Gefährliche Begegnungen

Als Putzi wieder erwachte, merkte er mit Schrecken, daß der Tag zur Neige ging. Die Bäume warfen schon lange Schatten, und ein kühler Luftzug strich über den Waldboden. „Jetzt muß ich mich aber sputen!“ rief er und sprang auf. „Nur, wie finde ich den Weg zurück?“ Ratlos schnüffelte er zwischen den Stämmen umher, und als er dabei auf einen merkwürdigen, aus Zweigstückchen und Fichtennadeln aufgetürmten Haufen stieß, steckte er neugierig seine Schnauze hinein und wühlte darin herum.

Plötzlich schüttelte er sich. Die Ameisen, die den Bau bewohnten, waren von allen Seiten herbeigeeilt und griffen ihn zu Dutzenden an. In seiner Nase fühlte Putzi ihre Bisse, und als er auch in den Ohren ein schmerzhaftes Brennen verspürte, zog er sich schleunigst zurück.

Er blies heftig durch die Nase, rieb sich an einen Baumstamm und kratzte sich, bis auch die letzte Ameise von ihm abgelassen hatte. „Mich so zu überfallen!“ knurrte er dabei grimmig und bedachte nicht, daß er selbst ja der Störenfried gewesen war, der gedankenlos einen Teil des mühsam errichteten Ameisenbaues zerstört hatte.
Eine kleine sandige Anhöhe zog Putzis Blicke an. „Vielleicht kann ich von dort oben sehen, wo ich eigentlich bin“, überlegte er und trottete darauf zu. Kaum hatte er sich jedoch durch das niedrige Buschwerk

hinaufgearbeitet, das ihm den Ausblick verwehrte, da machte er auch schon große, verwunderte Augen. Ein paar Kaninchen tummelten sich unbekümmert am jenseitigen Abhang; sie spitzten aber sofort die Ohren,

als sie ein leises Geräusch vernahmen, und eins von ihnen klopfte ein paarmal mit den Hinterläufen auf den Boden, um die Gefährten zu warnen. Blitzschnell und Haken schlagend fuhr die ganze Gesellschaft auseinander, und als Putzi sich endlich wieder in Trab setzte, waren die Kaninchen schon längst in ihren verzweigten Bauen und Schlupfwinkeln verschwunden.
Ärgerlich streifte Putzi kreuz und quer durch den Wald, um die Spur der scheuen Tiere aufzufinden. Er wollte sie nur nach dem Weg fragen, konnte aber keins mehr von ihnen entdecken. Statt dessen raschelte es plötzlich dicht vor ihm in einem hohen Reisighaufen, und ein gedrungener, höchst possierlicher Bursche trippelte mit gleichmäßigen Schritten davon. Putzi konnte im Dämmerlicht des sinkenden Tages nicht erkennen, wen er vor sich hatte. „Halt, halt! Nur auf ein Wort!“ rief er und setzte mit ein paar Sprüngen hinterher.

Der schwerfällige Geselle war bald eingeholt. Allein, als der Verfolgte merkte, daß es für ihn kein Entkommen gab, tat er etwas Unerwartetes. Er blieb stehen, zog Kopf und Beine ein und rollte sich geschwind zu einer Kugel zusammen. Aufheulend fuhr Putzi zurück, als er mit der Nase derb dagegenstieß. Die Kugel war über und über mit langen, harten Stacheln bedeckt, und als Putzi wütend mit der Pfote danach schlug, fühlte er abermals einen heftigen, stechenden Schmerz.

Jammernd setzte er sich auf die Hinterbeine, leckte sich die blutende Schnauze und das verletzte Pfötchen und knurrte zwischendurch tückisch die Stachelkugel an, die regungslos und abwehrbereit im Grase lag. Der Igel, den Putzi aufgestöbert hatte, hörte genau, daß sein Verfolger noch in der Nähe saß, und erst lange, nachdem Putzi davongehumpelt war, rollte sich die Kugel vorsichtig wieder auf. Ein spitzes Schnäuzchen und ein paar klare, lustige Augen kamen zum Vorschein, und gleich darauf trippelte der Igel wieder weiter.

Putzi war recht elend zumute. Er trottete ziel- und planlos durch den schweigenden Wald und suchte vergeblich nach einem Weg, der aus dem Dickicht hinausführte. In einer steinigen Mulde blieb Putzi stehen und zog prüfend die Luft ein. „Hier ist ein Tier gelaufen!“ knurrte er. „Was mag es nur gewesen sein?“ Suchend blickte er sich um und entdeckte dabei unter einer knorrigen Wurzel den Eingang zu einem Bau, der tief in die Erde hinabzureichen schien.

„Ob hier wohl der Fuchs wohnt?“ überlegte Putzi. Aufgeregt winselnd schlich er heran, starrte in die Höhlung, schnupperte noch einmal und beschloß endlich, den Bau zu untersuchen. „Was werden Hanni, Fritz und Kolk für Augen machen, wenn ich den Hühnerdieb erwische!“ frohlockte er und schob sich bedächtig vorwärts.

Allein ein wütendes Zischen, das ihm aus dem Dunkel entgegentönte, ließ ihn bald einhalten. Seine Haare sträubten sich, als die unheimlichen Laute stärker wurden, und er zog sich schnell wieder ins Freie zurück, denn etwas Furchtbares, Gefahrdrohendes kroch auf ihn zu. Ein tükkisches Augenpaar in einem flachen, breiten Kopf funkelte ihn an, und voll Entsetzen sah Putzi eine Schlange, die sich aus der Höhle in unheimlichen Windungen auf ihn zuschob. Die Beine begannen dem kleinen Schelm zu zittern, als er an die Gefahr dachte, der er zunächst noch entgangen war. Denn was dort aus dem verlassenen Kaninchenbau kroch, war keine harmlose Natter, sondern eine giftige, todbringende Kreuzotter! Der dunkle Zickzackstreifen, der vom Hals bis zur Schwanzspitze über ihren Rücken lief, ließ keinen Zweifel daran!

Putzi starrte wie gebannt auf die Viper, die sich wenige Schritte vor ihm zu einem Teller zusammenringelte, den Hals einzog und dann blitzschnell den breiten, flachen Kopf vorstieß, um nach dem Gegner zu beißen. Zum Glück war

der arme Wicht rechtzeitig zurückgesprungen; ihn packte das Grauen, und er lief und lief, ohne nach rechts oder links zu sehen, bis der Wald sich lichtete und ein Ackerstreifen, rings von dichten Schonungen und niederem Buschwerk umschlossen, sich vor dem Erschöpften auftat.
Er sah nicht mehr, daß der harmlose Igel, über den er sich so geärgert hatte, mit kurzen Schritten herantrippelte und neugierig die Kreuzotter beroch. Sie biß ihn mehrmals in die Schnauze und in die Lippen, aber was anderen Tieren und selbst einem Menschen den Tod gebracht hätte, schadete dem Stachelhäuter gar nichts. Er fuhr nur mit der Zunge ein paarmal über die Wunden, beschnupperte nochmals die Schlange, packte dann plötzlich ihren Kopf und zermalmte ihn, so verzweifelt die Kreuzotter auch zurückzuckte und sich wehrte.
Putzi hatte währenddessen keuchend und erschöpft am Waldrand gelegen,

und erst ein Knacken und Brechen, das er jenseits des Feldes im Buschwerk hörte, ließ ihn aufblicken. Irgendwer trat dort aus dem Wald. Ein Mensch oder ein großes Tier? Putzi konnte das zunächst nicht unterscheiden. Er richtete sich auf, lief quer über den Acker und sah eine plumpe, dunkle Gestalt, die das Kartoffelfeld aufwühlte und dabei ab und zu ein tiefes Brummen hören ließ.

„Hallo! Wer ist dort?" rief Putzi. „Ich habe mich verirrt und möchte gern ..." Der Fremdling drehte sich beim ersten Laut überrascht um. Er war breit, massig und schwer, und wäre sein Borstenkleid nicht so schwarz gewesen, dann hätte Putzi geglaubt, ein aus dem Stall ent-

laufenes Schwein vor sich zu haben. Fast hatte er's richtig getroffen: vor ihm stand nämlich ein Wildschwein, ein alter Keiler, der, gereizt durch die Störung, ihn unwillig und kampflustig anfunkelte.
Vorerst wühlte und trampelte er noch unter ärgerlichem Gegrunze weiter in dem Kartoffelfeld herum. Als Putzi jedoch näher kam und entrüstet ausrief: „Das ist ja eine Schande! Alles so zu verwüsten!" senkte der Keiler den Kopf und nahm den naseweisen kleinen Burschen an. Trotz seiner plumpen Gestalt kam das schwere Tier blitzschnell gefahren, und Putzi sah voller Entsetzen die scharfen, spitzen Hauzähne – die Gewehre, wie der Jäger sie nennt – dicht vor sich aufblinken. Einen halben Meter war der Keiler noch entfernt, da machte Putzi einen gewaltigen, verzweifelten Satz zur Seite. Das war sein Glück,

denn das wütende Schwein konnte ihm so schnell nicht folgen und sauste an ihm vorbei.
Es machte allerdings bald kehrt und nahm den Gegner von neuem an. Wieder rettete Putzi sich durch einen Sprung, dann hetzte der arme Wicht, hartnäckig bedrängt von dem gefährlichen Keiler, über das Feld, dessen Schmalseite von einem festen Lattenzaun abgegrenzt war.
Putzi wußte, daß er um sein Leben lief. Seine Flanken bebten, er spürte schon den Atem des Verfolgers hinter sich, da war der Zaun erreicht! Mit letzter Kraft zwängte Putzi sich unter der Querlatte hindurch. Ein paar Büschel seines wolligen Fells blieben daran hängen; er spürte den Schmerz kaum, sondern hörte nur bebend den dumpfen Laut, mit dem der Keiler gegen den Zaun prallte. „Gerettet!“ jaulte der Unvorsichtige, es klang aber jämmerlich; denn der Schreck saß ihm noch so in den Gliedern, daß er immer weiter rannte, hinein in den dunklen Wald, in dem er weder Weg noch Steg kannte.

Im Walde verirrt

Während Putzi die Abenteuer mit dem Eichhörnchen, dem Igel und der Schlange erlebte, waren Fritzens Kleider trocken geworden. Ungeduldig schauten die Zurückgebliebenen sich nach dem Ausreißer um, aber Putzi blieb verschwunden. „Wer weiß, ob der faule Bursche nicht wieder irgendwo liegt und schläft", meinte Fritz endlich ärgerlich. „Es bleibt uns nichts übrig; wir müssen ihn suchen!"

Die Sonne begann schon zu sinken, als Hanni, Fritz und Kolk im Wald untertauchten. Laut riefen sie Putzis Namen, immer wieder blieben sie stehen, aber nichts regte sich weitum. Müde und mißmutig trotteten sie weiter, bis sich eine einsame Wiese mitten im dichten Laubwald vor ihnen auftat. „Was ist das für ein merkwürdiges Gerüst?" fragte Hanni und wies auf eine rohgezimmerte Leiter, die neben einem Stamm zu einer kleinen hölzernen Plattform hinaufführte. Der kluge Kolk legte den Kopf auf die Seite. „Das ist eine Jagdkanzel", antwortete er.

„Hier in der Nähe wechselt das Wild, und der Jäger sitzt manchmal dort oben auf dem Anstand, um es zu beobachten oder zu schießen."

„Dann wollen wir hier auch ein bißchen warten und aufpassen", schlug Hanni vor, und als Fritz beifällig nickte, kletterten sie die Sprossen zu dem luftigen Sitz empor. Lange saßen sie mucksmäuschenstill auf der Kanzel, und schon wollten Hanni und Fritz enttäuscht weiterwandern, da stieß der Rabe seine Freunde warnend an. Zwei Hasen hoppelten langsam über die Wiese, und gleich darauf entdeckte Fritz auch einen stattlichen Rehbock, der nach allen Seiten sichernd aus dem schützenden Unterholz heraustrat. Eine Ricke und ein zierliches, anmutiges Kitzchen folgten ihm und begannen gemächlich, nur von Zeit zu Zeit mißtrauisch den Kopf hebend, zu äsen. Wie friedlich sah das aus!

Atemlos und mit glühenden Backen betrachteten die Freunde das Bild zu ihren Füßen. Und als jetzt noch ein kapitaler Hirsch vom jenseitigen Waldrand über die im Abenddämmer liegende Wiese wechselte, konnte Hanni ihre Freude nicht mehr zügeln. „Seht nur seht!“ jubelte sie laut und klatschte in die Hände.

Im gleichen Augenblick schreckten die äsenden Rehe jählings auf und flüchteten mit weiten Sätzen ins schützende Dickicht, während der stolze Sechzehnender kehrt machte, mit gewaltigem Sprung über einen Busch setzte und dann ebenfalls im Unterholz verschwand.

„Das war recht dumm von mir!“ bekannte Hanni zerknirscht. „Aber ich freute mich so sehr und vergaß dabei, daß wir ganz still sein müssen. Nun sind die Rehe fort, und auch von den Hasen und vom Hirsch ist nichts mehr zu sehen. Ob sie wohl wiederkommen?“ „Ich glaube kaum!“ krächzte der kluge Kolk. „Jedenfalls können wir darauf nicht warten!

Bald ist es dunkel, und wir müssen uns sputen, um aus dem Wald herauszukommen. Oder wollt ihr hier übernachten?"
„Nein, nein!" antwortete Hanni erschrocken, und während Fritz noch überlegte, was nun eigentlich aus Putzi und der Jagd auf den räuberischen Fuchs werden sollte, begann sie von der Kanzel hinabzuklettern. Zwei Sprossen nahm sie in der Hast auf einmal; dabei trat sie fehl, verlor den Halt und plumpste schwer zu Boden.

Der Lärm und Hannis Stöhnen ließen Fritz und Kolk auffahren. Besorgt eilten sie zu ihrer Freundin, und dabei sahen sie, daß Hannis linkes Bein arg zerschunden war und aus langen Schrammen blutete. Auch der eine Arm zeigte ein paar Kratzer, und der Ellenbogen schwoll mehr und mehr an. „Das sieht böse aus!" wandte sich Fritz verzagt an den Raben. „Was fangen wir nun an?"
„Das weiß ich auch nicht!" krächzte Kolk. „Hoffentlich ist nichts gebrochen!" Er beugte sich über die Verletzte, be-

trachtete aufmerksam die Wunden und fragte dann: „Kannst du das Bein bewegen, kannst du gehen?“ Hanni versuchte es; mit zusammengebissenen Zähnen raffte sie sich auf und humpelte über die Wiese. Nach ein paar Schritten jedoch begannen ihr schon die Tränen über die Backen zu kullern, und erschöpft ließ sie sich wieder ins Gras sinken. „Ein Weilchen muß ich mich noch ausruhen“, tröstete sie ihre Freunde. „Holt mir inzwischen meinen Stock; wenn ich mich darauf stütze, wird es schon gehen!“ „Deinen Stock? Ja, wo ist er denn?“ fragte Fritz erstaunt. Er blickte sich ratlos um und schlug sich dann mit der Hand vor die Stirn. „Wir haben die Stöcke liegen lassen, als wir über den Bach krochen!“ meinte er ärgerlich. „Und jetzt brauchten wir sie so nötig! Aber ich weiß einen Ausweg! Ich nehme Hanni einfach Huckepack! Ein Stück werde ich sie schon tragen können!“

Hanni schnallte sich den Rucksack um, und Fritz lud sie entschlossen auf den Rücken. Mit schweren, schwankenden Schritten stapfte er an einem

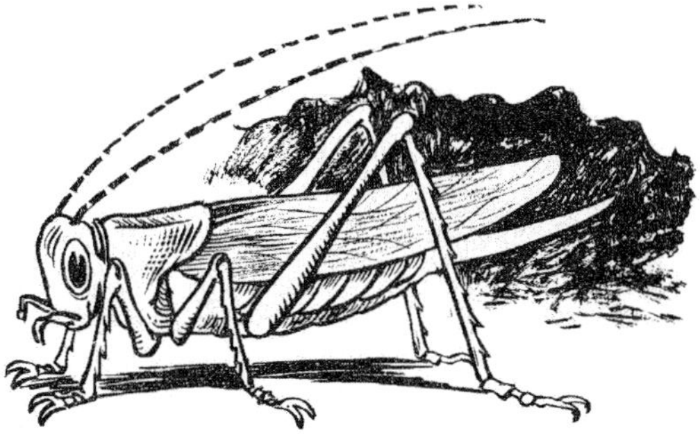

Gebüsch vorbei, unter dem ein grasgrünes Heupferdchen im Abenddämmer sein eintöniges Lied zirpte, dann bog er in einen schmalen, kaum erkennbaren Waldpfad ein. Bald aber traten Fritz dicke Schweißtropfen auf die Stirn, er keuchte unter der Last, und in immer kürzeren Abständen mußte er Ruhepausen einlegen. Hanni sah ihn mitleidig an. „Ich will noch einmal versuchen, ob ich gehen kann", meinte sie. Zaghaft machte sie ein paar Schritte, und als sie fühlte, daß der Schmerz nicht mehr gar so arg war, humpelte sie tapfer allein weiter.

Die Freunde achteten nur darauf, die Richtung nicht zu verlieren, und deshalb bemerkten sie auch die Schnepfe nicht, die ein Stückchen vor

ihnen mit ihrem langen Schnabel das dürre Laub umwendete, um darunter nach Käfern und Würmern zu suchen. Der Waldvogel flog nicht davon. Er vertraute auf den Schutz seines rindenfarbenen Federkleides, das ihn einem Borkenstück gleichen ließ, und duckte sich nur ganz still und unbeweglich nieder, als die Fremdlinge noch näher kamen. Ahnungslos trotteten Hanni, Fritz und Kolk an ihm vorbei; sie waren viel zu müde und erschöpft, um nach links oder rechts zu blicken, und hatten nur die eine Hoffnung, doch noch aus dem Dickicht hinauszufinden.

Plötzlich faßte Fritz Hanni am Arm. „Siehst du den hellen Schimmer dort hinten?" rief er erregt. „Ich glaube, wir haben es geschafft!"

Voller Freude bogen die Drei vom Wege ab. Wer beschreibt aber ihre Enttäuschung, als sie nicht aufs freie Feld, sondern nur zu einer kleinen Lichtung mitten im Walde kamen! Es war die gleiche Stelle, an der Stunden zuvor Putzi dem Storch begegnet war!

Weinend sank Hanni unter einem dichten Busch ins Gras und zog Fritz und Kolk ganz nahe zu sich heran. „Ich kann nicht mehr weiter!" klagte sie. „Wir haben uns verirrt und müssen nun doch im dunklen Wald übernachten!"

Ein Wiedersehen

Hanni, Fritz und Kolk waren im Nu eingeschlafen, aber ihre Ruhe sollte nicht lange dauern. Zuerst spürte Fritz einen stechenden Schmerz an der Backe, dann schreckte auch Hanni hoch und schlug klatschend auf ihren Arm. Ein feines, helles Summen ertönte dicht neben ihrem Ohr, und schon fühlte sie neue Stiche auf der Stirn und der Hand. „Hier sind ja Mücken!" rief sie ärgerlich aus und stand auf, um die Peiniger besser abwehren zu können.

Das war vergeblich, denn von dem versumpften Tümpel inmitten der Lichtung flogen die kleinen Blutsauger in immer dichteren Schwärmen heran. Sie waren hungrig und stürzten sich hartnäckig und dreist auf ihre Opfer. Verscheuchten Hanni und Fritz die Quälgeister von den Beinen, so setzten sich diese im gleichen Augenblick in den Nacken, und schützten die Kinder das Ge-

sicht, so bohrten die Mücken heimtückisch ihre feinen Rüssel in die Arme, um Blut herauszusaugen und sich daran zu laben.
Aber nicht nur die Mücken raubten den Freunden den Schlaf. Schon mehrmals hatten Hanni, Fritz und Kolk vom Tümpel herüber ein dumpfes „Quarr" vernommen, und je dunkler es wurde, umso lebendiger regte es sich am Teich. Ein dicker Froschgroßvater blähte sich wichtig auf einem Seerosenblatt, und rings um ihn versammelten sich alle seine Kinder, Enkel, Brüder, Schwestern und Gevattern. „Brekeke .. brekeke brekeke!" sang der Alte vor, und gleich darauf fiel der Chor ein: „Brekeke . . . brekeke . . koar tuu! . . Brekeke quarr tuu! . . Brekeke brekeke koar, koar tuu! . . Brekeke koar . . brekeke brekeke!" „Quarr!" hinkte ein junger Frosch hinterher, er schwieg aber schnell still, denn schon begann der Vorsänger das Froschlied von neuem, und unermüdlich, immer lauter, immer ausdauernder sangen die anderen mit.

„Hier können wir nicht bleiben!“ jammerte Fritz und befühlte seine Beine, die von den Insektenstichen immer mehr anschwollen und brannten. „Die Mücken lassen uns keine Ruhe, und das Froschkonzert kann bis zum Morgen dauern; wir müssen weiter!“ Mit schleppenden Schritten begannen die Freunde von neuem ihre Wanderung; sie schöpften aber wieder Mut, als sie auf einen breiten Waldweg gelangten, der von tiefen Wagenspuren durchzogen war. „Jetzt wird doch noch alles gut!“ frohlockte Hanni. „Wenn wir . . .“

Mitten im Satz brach sie ab und klammerte sich furchtsam an Fritz, denn zwischen den dunklen Stämmen hatte sie ein unheimliches, hallendes „Huhuhu“ vernommen. Gleich darauf flog ein großer Vogel langsam an den Freunden vorbei. „Wie kann man nur so ängstlich sein!“ krächzte Kolk. „Das ist doch nur ein Käuzchen! Sieh nur, dort drüben setzt es sich nieder!“

Hanni und Fritz drehten sich um und blickten in ein paar riesige Augen, und als der Nachtvogel sich aufrichtete um weiterzufliegen, sahen sie auch die dichtbefederten Beine mit den scharfen gebogenen Krallen. „Der Kauz geht auf Beute aus“, erklärte Kolk weiter. „Er erkennt auch jetzt bei der Dunkelheit noch jede Maus, die über den Boden läuft, und wenn er sie erst einmal gepackt hat, gibt es kein Entrinnen mehr.“

„Au!“ schrie Fritz, der dem Raben aufmerksam zugehört und dabei nicht auf den Weg geachtet hatte. Er blieb stehen, rieb sich die schmerzende Schulter und betrachtete mißmutig den großen Holzstapel, gegen den er gerannt war. Auf einmal beugte er sich gespannt vor. „Was ist denn das?“ hörten seine Freunde ihn verwundert sagen. Sie vernahmen ein leises Klappen, und gleich darauf wurden ihre Augen von einem grellen Lichtstrahl geblendet.

„Denkt nur“, jubelte Fritz, „hier hat ein Holzfäller seine Jacke hängen lassen, und in den Taschen habe ich ein Stück Brot und eine Lampe gefunden! Ist das nicht herrlich? Der Waldarbeiter wird wohl nicht böse sein, wenn wir das Brot aufessen; die Jacke aber nehmen wir mit und liefern sie beim Gendarmen ab!"

„Verschwende das Licht nicht!" riet Kolk, während die Freunde vergnügt schmausten. „Die Lampe brennt schon viel trüber; wer weiß, ob wir sie nicht noch dringend brauchen!" Fritz folgte dem Rat, und die Drei tappten im Dunkeln weiter, bis Hanni abermals erschrocken stehen blieb. Zwischen den nachtschwarzen Stämmen erscholl ein heiseres, schauriges Gekicher, dem ein durchdringendes „Buhuu" folgte, und als Fritz nach oben leuchtete, sahen die Freunde auf einem Ast einen riesigen Vogel hocken. Er war viel größer als der Kauz,

sein Federkleid noch dichter, und den Kopf schmückten ein Paar hochstehende Ohren. „Der ‚König der Nacht', der Uhu!" flüsterte Kolk und duckte sich unbehaglich hinter Fritz nieder. „Er frißt nicht nur Mäuse und Ratten, sondern jagt auch Hasen, Igel und Rebhühner, und selbst uns Raben verschont er nicht! Ein Glück, daß ihr bei mir seid!"

„Ist der Uhu krank?" fragte Hanni und betrachtete verwundert den Nachtvogel, der von einem Bein auf das andere trat, den Schnabel weit aufsperrte, die Augen zusammenkniff, sich heftig schüttelte und schließlich nach langem Würgen etwas ausspie. „Oh nein! Das tut der Uhu öfter!" antwortete Kolk. „Er hat nur das Gewölle herausgewürgt, einen Ballen von Knochen, Haaren und Federn, die er mit verschlungen hat und die er nicht verdauen kann. – Aber kommt weiter! Wenn der Uhu euch auch nichts tut, mir kann er leicht gefährlich werden!"

Wieder begann die Wanderung ins Dunkle, und wieder wurde sie unterbrochen! Diesmal war es ein Knacken im Unterholz, ein vorsichtiges Tappen, das die Freunde stehen blieben und angespannt lauschen ließ. „Mir ist so bang!" flüsterte Hanni.

„Was mag das nun schon wieder sein? Wer schleicht sich dort an uns heran?“

Ja, wer war es wohl? Wer kauerte sich zitternd neben einer Baumwurzel nieder und zuckte bei jedem Geräusch, das aus der Finsternis erklang, ängstlich zusammen? Es war niemand anderes als Putzi, der auf der Flucht vor dem Wildschwein kreuz und quer durch den Wald gehetzt war und dem der Schreck noch in allen Gliedern saß! Wurde er immer noch von dem Keiler verfolgt? Kroch wieder eine Schlange auf ihn zu? Dem armen Schelm sträubten sich bei dem Gedanken die Haare, und er gelobte im stillen, nie wieder seinen Freunden davonzulaufen.

Ein Lichtstrahl blitzte auf, glitt suchend zwischen den Stämmen hin und erfaßte endlich den bebenden Wicht. „Putzi, Putzi!“ jubelte eine

Stimme, und wie ein Federball schnellte der kleine Bursche erlöst auf seine Freunde zu. Hanni und Fritz waren viel zu glücklich, den Ausreißer wiedergefunden zu haben, um ihn zu schelten. Mit großen verwunderten Augen lauschten sie, als Putzi von seinen Erlebnissen erzählte, und als er zum Schluß wichtig hinzufügte: „Ich glaube, dort drüben in der Ferne hat vorhin ein Hund gebellt; sicher kommen wir noch zu einem Dorf!“ folgten ihm seine Freunde fröhlich und mit neuem Mut.

Putzi hatte sich nicht getäuscht. Bald wurde der Wald lichter, durch das Laubdach der Bäume blinzelte der Mond, und auf einmal tat sich vor den Blicken der Vier das freie Feld auf. „Dort, dort! Seht ihr das Licht?“ schrie Fritz und wies auf ein paar einzelne hohe Bäume nahe am Waldrand. Unter ihnen zeichneten sich dunkel die Umrisse eines Hauses ab. Ein Fenster aber war erleuchtet und verhieß den müden Wanderern Ruhe, Essen und ein weiches Lager.

Das rettende Licht

Aller Kummer war vergessen, als die Vier auf das rettende Licht zueilten und an die Tür des einsamen Hauses klopften. Drinnen schlug ein Hund an, und eine tiefe Stimme sagte: „Ruhig, Strupp! Platz!" Dann wurde der Riegel zurückgeschoben, und die Freunde sahen einen bärtigen Mann in einer grünen Joppe, der vor Verwunderung die Pfeife aus dem Mund nahm und kopfschüttelnd meinte: „Das ist aber ein sonderbarer Besuch! Wo kommt ihr denn her? Was sucht ihr Knirpse noch so spät im Wald?" Fritz drehte verlegen die Mütze zwischen den Fingern, der Förster aber winkte die Vier freundlich ins Haus, und als er Hannis zerschundenes Bein bemerkte, bettete er die Verletzte behutsam auf das Sofa. Stillschweigend ging er hinaus und kehrte bald darauf mit einer Schüssel und Leinentüchern zurück, um Hannis Wunden aus-

zuwaschen und zu verbinden. „So“, sagte er dann befriedigt, „das hätten wir! Nun setzt euch her! Gleich gibt's auch was zu essen!“
Strupp, der Jagdhund, kam mit ins Zimmer, als die Förstersfrau warme Milch und große Teller mit Wurst- und Käsebroten brachte. Schweifwedelnd begrüßte er Putzi; dann setzte er sich neben seinen Herrn und blickte mit klugen Augen unverwandt Fritz an, der ebenso wie seine Freunde mit vollen Backen kaute und dabei die Wanderung der Vier schilderte. Von den Hühnern, dem Fuchs und dem Habicht erzählte er, von der Suche nach den frechen Räubern, dem Sturz in den Bach, den Mücken und dem Froschkonzert und schließlich von der langen Irrfahrt durch den nächtlichen Wald.
Der Förster hatte sich eine frische Pfeife gestopft; er hörte ruhig zu, und nur gelegentlich schmunzelte er vergnügt oder schüttelte lächelnd den Kopf. „Ihr seid doch rechte Kindsköpfe“, meinte er, als Fritz fertig war. „Habt ihr euch wirklich eingebildet, der Fuchs würde warten, bis ihr mit euern Knüppeln heran seid? Und wie habt ihr euch die Jagd auf den

Habicht vorgestellt, he?“ „Außerdem“, fuhr der Förster fort und bemühte sich, sein Gesicht in strenge Falten zu legen, „müßte ich euch eigentlich einsperren! Jawohl, einsperren! Oder glaubt ihr etwa, ein jeder könnte auf die Jagd gehen, wenn es ihm paßt? Nein! Das dürfen nur die Jäger, die das Wild hegen und pflegen; aber auch sie dürfen nur soviel davon abschießen, daß es nicht überhand nimmt. Wollte jeder die Tiere in Wald und Feld jagen und töten, so würden sie bald ganz ausgerottet sein. Es gäbe keine Rehe, Hasen und Füchse, keine Igel, Störche und Schnepfen mehr, und die Menschen selbst hätten den größten Schaden davon, weil die gefährlichen Nager, Raupen, Käfer und Larven bald Wälder und Felder ganz kahl fräßen!“

„Das haben wir gar nicht bedacht“, entschuldigte sich Hanni schüchtern.

„Wir wollten nichts Böses anstellen und haben auch keinem Tier etwas zuleide getan!" „Schon gut, ich glaube euch ja!" beruhigte sie der Förster. Er paffte eine mächtige Rauchwolke in die Luft und fügte dann schmunzelnd hinzu: „Ja, und was die Sache mit dem Fuchs und dem Habicht betrifft, so wollen wir nicht mehr davon reden. Ich muß noch immer lachen, daß ihr die beiden Hühnerdiebe mit euern Knüppeln erwischen wolltet! Außerdem ..., sie werden euch keinen Kummer mehr bereiten; die Strafe hat sie schon ereilt!"

„Wieso?" fragte Fritz und starrte mit offenem Munde den Förster an. „Nun", antwortete dieser und lehnte sich behaglich zurück, „weil ich sie heute geschossen habe! Auf einer Lichtung erwischte ich den Habicht; er wollte sich gerade einen Hasen zum Nachtmahl holen. Und der Fuchs schlich um das Dorf herum und äugte so begehrlich nach den Hühnern aus, daß er uns gar nicht kommen hörte. Wir haben die beiden Räuber gut getroffen, nicht wahr, Strupp?" „Wau, wau", kläffte der Jagdhund und wedelte mit dem Schwanz, als habe er jedes Wort seines Herrn

verstanden. Putzi aber, der inzwischen gierig seinen kleinen Napf leergeschleckt hatte, knurrte mürrisch: „Dann ist ja der ganze Marsch umsonst gewesen! Wenn ich das vorher gewußt hätte . . .“
Dem Förster fiel beinahe die Pfeife aus dem Mund, als er den kleinen Schelm reden hörte. „Ein Hund, der sprechen kann, das ist mir auch noch nicht vorgekommen!“ wunderte er sich. Kopfschüttelnd rief er Putzi heran, betrachtete ihn lange und fragte dann: „Und wie steht's mit dir, Bursche? Hetzt du im Wald auch keine Hasen? Scheuchst du auch nicht mutwillig die Vögel auf?“ „Nein, nein!“ stotterte Putzi verlegen und verkroch sich schleunigst in eine Ecke, als der Förster auf seine Flinte wies und drohend hinzufügte: „Wehe, wenn ich dich einmal dabei erwische! Dann . . .“
Die Kinder hatten unterdessen bewundernd ein mächtiges Geweih betrachtet, das die Wand des Zimmers schmückte. „Das trug einmal der kapitalste Hirsch, den ich je geschossen habe“, erklärte der Förster stolz. „Der große Vogel darunter ist ein Auerhahn, und rechts

davon könnt ihr einen Habicht sehen. Er war einst genau so ein dreister Hühnerdieb wie der, den ihr verfolgt habt! – So, und nun marsch ins Bett! Schlaft euch gründlich aus, ihr Knirpse! Morgen bringe ich euch nach Hause!"

Hanni und Fritz kuschelten sich tief in die warmen Federn, und auch der Rabe Kolk, der auf der Stuhllehne hockte, war im Nu eingeschlafen. Putzi aber lag verdrossen auf einer alten Decke vor dem Bett. „Das ist viel zu hart für mich!" knurrte er leise. „Ich bin am weitesten gelaufen und habe die gefährlichsten Abenteuer erlebt; also muß ich auch den weichsten Ruheplatz haben! Einen Augenblick lauschte der freche Schlingel noch auf die Atemzüge seiner Freunde; dann sprang er leise empor, blinzelte pfiffig den Mond an und schob sich zufrieden zu Hannis Füßen mit unter die Bettdecke.

Viel tausend Freunde ...

haben die vier treuen Freunde im Lauf von wenigen Jahren gewonnen durch die schönen Bücher, die von ihren Abenteuern und Erlebnissen erzählen. Denn der neueste Band ,,Zu Viert in Wald und Feld'' hat ja sechs Vorgänger; und sie alle sind nicht minder heiter, abwechslungsvoll und lehrreich als dieser.

Am Anfang wohnten Hanni und Fritz allein in ihrem Häuschen am Dorfrand. Aber dann bewahrten sie einmal ein kugelrundes, junges Hündchen vor dem schmählichen Wassertod, und bald darauf gesellte sich der alte, weise Rabe Kolk zu den Dreien: die vier treuen Freunde waren nun vollzählig. Doch was für eine Plage war das mit dem tollpatschigen und dummen Putzi! Es mußte etwas für ihn getan werden, und so ging denn Putzi in die Schule. Aber nicht in die Lernschule, nein in die Lebensschule. Alles was ihm begegnete wurde von seinen Freunden dazu gebraucht, ihm Lesen und Schreiben und Rechnen beizubringen – einen so merkwürdigen und lustigen Unterricht möchte freilich wohl jeder haben. Doch warum denn nicht? Man braucht nur das Buch ,,Der große Anfang'' aufzuschlagen! Als aber Putzi erst aus dem Gröbsten heraus war, da ging es mit Holterdiepolter in die Welt hinaus, ins wirkliche Leben und ins Märchenreich. Davon erzählt auf vielen, vielen Seiten das Buch: ,,Vier treue Freunde''. Doch war Putzi auch nicht mehr so einfältig wie zuvor, so blieb er immer noch ein arger Schlingel, übermütig und vorlaut und abenteuerlustig. So mußte er denn allerlei bittere Erfahrungen machen, die freilich für den, der die Streiche und ihre Folgen liest, immer voll Lustigkeit stecken. Wer's nicht glaubt, der lese ,,Putzis Freud und Leid''! Freilich ist Putzi immer vorne dran, aber in den stets neuen Erlebnissen und Taten geben ihm die anderen drei nichts nach. Das zeigt sich gleich im nächsten Buch, wo die vier treuen Freunde durch einen wahren Wirbel von erstaunlichen Ereignissen und Abenteuern getrieben werden. Kein Wunder, daß das Buch auch heißen muß: ,,Da ist was geschehen!''

Wem daheim schon soviel Seltsames begegnet, was wird der erst erleben, wenn er sich auf Reisen weit fort in die Ferne begibt? Und das tun die vier treuen Freunde wirklich: durch eine Unvorsichtigkeit des kleinen Putzi geraten sie in einen Luftballon und mit ihm hinaus aufs Meer. Oft entgehen sie nur mit knapper Not einem großen Unglück, so über dem Wasser, im indischen Dschungel, in der afrikanischen Wüste. Aber nach vielen seltsamen und lustigen Begebenheiten kommen sie doch wohlbehalten zurück von ihrer großen Wanderung „Zu Viert um die Welt". Die Lust an fremden, unbekannten Dingen ist durch das, was sie jetzt erfahren haben, eher noch gewachsen. Bald brechen sie wieder auf, um diesmal die schönen deutschen Berge kennen zu lernen. Sie machen eine „Alpenreise zu Viert". Verdientermaßen wird ihnen allerlei Schabernack angetan. Putzi wird gar von einem Adler entführt, doch auch hier wieder lernen sie am Leben – und das ist die Hauptsache. Wie wird es den vier treuen Freunden weiter ergehen? Man kann nichts vorhersagen als daß nach dem, was bisher geschah, ihnen noch sehr viel Erstaunliches begegnen wird. Und weil die zwei Kinder und die zwei Tiere ein so lustiges Glückskleeblatt sind, darum wird es auch immer unzählige kleine Leute geben, die mit Spannung auf das Neueste von den vier treuen Freunden warten!